NATURALEZA URBANA

NATURALEZA URBANA

OMAR BÁRCENA

Valparaíso
EDICIONES

Número 466 de la Colección VALPARAÍSO DE POESÍA
dirigida por FEDERICO DÍAZ-GRANADOS

Diseño de la colección: Chari Nogales

Maquetación: Ciclo Creativo

Primera edición: abril de 2025

© De los poemas: Omar Bárcena
© Imagen de portada: Omar Bárcena

© Valparaíso Ediciones
C/ Fray Leopoldo, 7 bajo, 18014 Granada
www.valparaisoediciones.es

ISBN: 979-13-87538-16-3
Depósito Legal: GR 364-2025

Impreso en España - *Printed in Spain*
Gráficas Gami

NATURALEZA URBANA

A mi abuela paterna,
quien me enseñó a apreciar la naturaleza en el ambiente
a veces hostil de la frontera México/Estados Unidos

VECINO EN LAS ALTURAS

Nunca imaginé poder verte cara a cara,
pico a pico, y hasta de cola
defecar en mi repisa
Aunque del senderismo disfruto.
Viendo de abajo hacia arriba, no es lo mismo
que saludarte a tu nivel, o verte de alto
clavándote en caída libre mientras acechado eres;
de manera igual por los que al parecer
a sus crías acechas tú.
Y en la aridez que suelo pasear
pareces no existir, pero en el sol quema
y no puedo ver.

Al dejar la niñez, dejé los árboles;
como los monos que dicen que fuimos,
evolucionamos de ellos,
pero aun así, y aun si fuera
a verte donde se pensaría que vives mejor
con binoculares en vista temblorosa,
no es igual que verte
aquí casi como mascota silvestre, libre y urbana.
Donde nunca nadie se imaginaría que vives bien
Sabes bien, creo yo, que no te alcancé con alas,
porque cuando las tengo,
las utilizo para volar mucho más alto
pero igualmente, mucho más bajo
y para ir mucho más lejos de aquí,
de este territorio de movimientos en circular
que tú y tu presa nos dan

No sé donde anidas, pero te alcancé
con aquello a lo que me dedico
La edificación que ocupa y desplaza
aquello que fue de nuestros ambos ancestros;
aquí seguimos, ninguno de los dos se espantó.
supongo que bien vives aquí,
alimentándote de los roedores
que se alimentan de nuestros desechos,
o quizá como ya bien dije,
de los hijos de tus compañeros lustrosos de negro
atraídos también por nuestros desechos,
que caen como cascadas
a la planta baja de esta torre
que casi monolito aparenta ser,
a la que a los dos parecemos pertenecer.
Hola vecino que en mi repisa descansas,
y desde la misma cazas.

HE ALCANZADO SUS ALTURAS

Son el espectáculo aéreo que todo niño debería de ver
Y no es el de los aviones caza que decoran el cielo
con fantásticas victorias sólo posibles por medios bélicos.
No el de esas máquinas estruendosas que en realidad
solo buscan destrozar lo construido para luego explotar
nuevamente esta tierra y sus habitantes.
No, ese espectáculo aéreo, no.
No es el de nubes falsas de parafina colorida,
de naves maniobradas por gente entrenada solo para matar
decorosamente y con admiración morbosa.
Son el espectáculo aéreo que cada uno de nosotros
debería de presenciar.

En bandada o en pareja como parecen siempre hacerlo,
fieles y fijos en su rutina de merodear nuestros techos;
atentos a nuestros desechos, pero cuando no,
juguetones con los vientos, parecen no fatigar
de tal alegría que les causa nuestro efecto que Venturi
suelen llamar, o en columnas termales
que los alzan mucho más allá que aquí
y si no es así, entonces las corrientes artificiales
de aire que se desplazan entre nuestras
altas casas que más bien pichoneras parecen,
pero que si en realidad lo fueran
nos habrían echado ya hace tiempo de este lugar,
de donde los vemos a ellos maniobrar
entre falsos monolitos, complejos hábitats
de donde igual se ve aquel otro espectáculo aéreo

imitando todo aquello que estos hacen tan bien,
sin guerras inventadas y sin colores de patrias traidoras;
solo siempre modestamente desvestidos de negro.
Infinitamente juguetones y fieles en aire,
que de ellos es.

EN ESPEJO ARTIFICIAL

I
Flotando en, propulsándome en
espejo artificial.
No lo busco pero aparece,
todo aquello que no esperaba ver.
Casi en armonía total,
en todo un amanecer,
desde una luna cuando la hay
aparece en la periferia o en el centro de
un inmenso cielo listo para aclarar.
Y aun con neblina o bruma
su brillo se asoma tras ese húmedo filtrar,
o entre exageradas edificaciones
lista para pronto esconderse tras todos rotar.
Y en tal obscuridad de un azul profundo casi negro
una o dos estrellas aparecen, que como navegante,
guían a este lento nadar.

Al poco tiempo el cielo empieza a esclarecer
y como yema de huevo en levitación,
así con él, por él, como él,
va amaneciendo el coro cacofónico
de esta pajarera sin jaula de metal,
como todo lo que celebra,
anunciando este nuevo día a tal volumen,
que ni los autobuses corriendo
para descargar a sus gentes
pueden con tal ornitológica abundancia,
de cada noche volviéndose amanecer.

Primero aparece el colibrí,
que no es claro qué es lo que quiere
bailando así sobre esta laguna artificial;
sin flores, sin néctar, solo yo y mi colorida gorra,
que al parecer confunden con linda flor.
Luego aparecen los cuervos, siempre en pares
y al igual que los ruiseñores,
van y se esconden tras las hojas
de árboles trasplantados de climas lejanos
o en parapetos detrás de los cuales,
escondemos nuestras humanas mentiras.
A veces se ven garzas o patos emigrando, uno supone.
Entre tanto pájaro aparece de vez en vez
una libélula, siempre atraída por el agua
hasta que se entera que está clorada y se va.
Igual son las abejas, de las cuales muchas mueren
ahogadas; solo puedo salvar a las que
comparten conmigo esta corta sesión de natación
y no se han molestado con emponzoñarme.
Pero también se acercan mariposas y polillas
que al parecer saben mejor
que aterrizar en estas cloradas aguas.

II
Pero estas capas no lo son todo,
entre la altura de los cuervos, los colibríes, y las palomas,
y aquella de las garzas y de los patos,
aparecen helicópteros de noticiarios o policiales
que despiertan con la ciudad para capturar
ya sea en imágenes o a la fuerza, a la tragedia humana
que despierta al igual que todo este diurno incesante
en su imaginada conquista de lo natural

Más allá de los patos y las garzas,
las aeronaves de múltiples clases

Pequeñas avionetas que vuelan bajo
llevando consigo no sé qué cosa,
jalando como gran cola
espectaculares que tratan de vender
todo lo innecesario que ocupa
nuestra gran culpa.
Ofenden a quien las mire,
venden mugre a quien las lea.
Ningún mensaje para salvar a esta tierra
Ningún anuncio de esperanza o sosiego.

Aparece de vez en cuando
también un dirigible, que aunque flota
lo que vende solo sirve para hundirnos aún más
en esta sopa espesada por su manufactura,
y su gran tracción de independencia individual.

Siempre un constante de aviones llenos
de pasajeros ansiosos por desembarcar
o de mercancía que ha sabido volar
para llenar aún más a esta y otra gran ciudad
de todo lo que esta tierra no quiere ni querrá

Algunos otros alejando gente de donde ya no quiere estar
y con ello, trasladando o desecho o salvación
a lugares lejanos donde a veces todo es igual

Estas máquinas dejan sus huellas
que se entremezclan con el agua en el cielo.

Algunas de ellas escriben mensajes celestes,
que no comunican nada divino, nada sagrado,
y como todo lo humano, se esfuman con el viento,
se pierden entre nubes que se enredan
y decoran este cielo como lo humano jamás puede.

También se ven muy a seguido,
aeronaves militares haciendo prácticas
para lo más bélico que hemos soñado;
para quizá algún día dejar limpio este lugar,
y regresárselo a lo que solo
naturalmente sabe volar

TLACUACHITO

Tlacuachito lindo y bonito,
sí que sabes nadar,
pero tus pequeñísimas garras
no pueden con tan alto borde
y te ahogarás.

Pero queridísimo marsupial,
al que todos creen roedor,
por suerte hemos sido nosotros,
los que te hemos avistado
en tal cruel estanque de recreo y ocio
y notado tu muy probable
y mojado desenlace infeliz.

Desde acá arriba,
con herramientas no marsupiales,
haremos lo necesario,
para que un mal vecino,
no se contente de verte sufrir, morir
al ser incapaz de entender
que tú eres más de aquí,
que de los que una hipoteca traen.

GRILLOS

Qué tan buena compañía son,
que hasta a veces se quieren venir conmigo.
Me cantan al arribar a laguna artificial
a la que visito para que en esta vida
donde yo no tengo que forrajear ni casar,
me mantenga algo firme, esbelto, y más o menos acá.

Ya no se espantan con mi nadar,
al contrario, me los encuentro allá.

Pero desde la remodelación,
desde el arreglar lo que para algunos fracturado estaba,
no me los encuentro ya,
mejorar cosas para algunos,
no es lo mismo que compartir
espacios con los que estaban ya.

SOLO EN FRÍO SE SIENTE BIEN

En esta laguna acondicionada,
nada despierta mejor que el ejercitar en ti.
Brazos y piernas en locomoción casi natural.
Movimientos modificados en el historial
de esta vida en movimiento sin parar.

El salir de ti es como en un parto,
pero no por fricción ni constricción,
sino por el salir hacia el mundo frío y hostil,
a este lugar que gente sin saber
confunde con un páramo infernal.

Salir de ti es:
Una gran purificación;
Un cobijo inverso;
Una purga frígida.

Y así me dejas, listo para el día
en gran ciudad mundial.
Salgo de ti preparado,
para encararme a esta gran crueldad

LAS TRAJIMOS DESDE EL SUR

Tan bellas y tan olorosas,
tan hermosas y tan peligrosas.
Pintan la ciudad de un bello azul, púrpura-rosado,
y así me han dejado, al pisar lo que dejan en el suelo
con tacón y sin suela de goma.
¿Será resentimiento,
de que las llevamos tan lejos?
¿De que barramos sus alfombras,
deseando más?
Por qué somos tan pulcros
si nuestros barrenderos están ya muertos
ahora solo hay sopladores de hojas - flores - pétalos – etcétera,
que no saben lo que es basura y lo que no,
más bien soplan descanso y sueño.
Pero soplando o no, seguimos admirándolos,
a estos árboles que trajimos desde el sur.
Ignorando que no son de aquí,
al igual que tampoco casi todos nosotros.
Pero con nuestras fachas no es posible
decorar igual que ellos lo hacen al florecer.
En estas ahora majestuosas calles,
somos lo que se debe de barrer,
y no sus flores.

CENZONTLE

No me dejas dormir
¿Por qué no me dejas dormir?
Esta ironía insólita de a la naturaleza admirar y respetar,
pero mi naturaleza también requiere el dormir;
y no cuando quiero, sino cuando debo
o más bien cuando puedo en esta diurna sociedad.
Cuando la luna ilumine o no esta tierra
dependiendo de sus mensuales fases.
Ella reina sobre nosotros aunque a veces de a lado,
aunque a veces a escondidas, cuida de nuestros sueños.
Pero tú pájaro nocturno,
solo sin ella que no es luna sino hembra
¿Quién es ella a quien le cantas?
¿Dónde está ella a quien le chillas?
Lloras cantando como lo hice yo,
acompañado de luna o estrellas,
buscando igual a una hembra.
¿A quién buscas tú en tan gran ciudad?
Brincado ahí solo en esa rama afuera de mi débil ventana
En tu búsqueda quieta hoy y todas estas noches
no dejas dormir ni a mí ni a mi ella
con tu desesperado cantar hecho para encontrar
o lamentar a tu ella que aún no llega
en tan inmensa ciudad.

VIENTO

Viento que azotas
y distribuyes nuestros desechos
de manera equitativa
y proporcional.
Viento que eres el aliento
tratando de purgar
y de propagar.
Viento que sometes
a esta gran ciudad.
Que al igual que un temblor
o quizá mejor aún,
haces bailar a estas viejas
altas y chaparras abuelas
de esta gran ciudad.
Viento que cantas
soplando en tus instrumentos
y en bosques artificiales
edificados y plantados
por supuestos controladores y diseñadores
de esta gran ciudad.
Viento que decoras
que pintas estas calles y banquetas
con el polvo y las hojas,
con lo que siempre fue tuyo
de esta gran ciudad;
y hoy con nuestros desechos,
que a veces expelemos
y a veces nos los arrebatas.

Caminando o admirando
estas calles citadinas
que creemos nuestras,
pero que nos recuerdas
que tuyas son hoy.
Viento que reparas
lo mal puesto
de esta gran ciudad.
Viento que borras nuestras huellas,
que esparcirás nuestro polvo
cuando al final
ya no quede nada de esta gran ciudad.

TRUENO, Y RELÁMPAGO

Trueno que eres mejor que la tele,
que nos hiciste apagarla,
para en vez ver a través de nuestras ventanas,
para verte acercarte.
Que aunque entre rascacielos,
al parecer nunca llegaste.
Y mejor así,
aunque nos hubiese encantado,
sentirte más de cerca,
como si vinieras cazando nuestras entrañas,
como si se partiera el cielo y la tierra.

Aunque seas el cielo rompiéndose en dos
y partiéndose en mil,
partiendo nuestra atención,
partiendo nuestra falta de fe,
quebrantando nuestra desconexión.
Provocando una nueva partitura,
que esperamos se renueve de cuando en cuando
para regresar nuestra atención
a la gran divinidad que nuestra atmósfera es

SOL EN ENCIERRO ADULTO

Seguimos al sol,
en el lugar de espera, como un Castillo,
movilizamos mallas y telones para seguir al gran dios
o para suavizar su gran ardiente esplendor
Pero aquí ya no, nosotros no, ya no lo cegamos.

Y aunque extrañamos la gloria de la espectral luna
acompañados de espíritus marrones
y de los gemidos apasionados que provocan
y quizá alguna guitarra satanizada
o de bronce de viento
soplado en canales de vinilo

En estos rumbos diurnos ya no hay campo
para danzar con ambos
o para el horror de ver a una orbe ahogarse
mientras la otra asciende en el horizonte
sin darnos tiempo de limpiar nuestras legañas

QUERIDO INSECTO

Querido insecto,
¿Cómo llegaste hasta acá?
Hasta el 16º piso
¿Acaso subiste estos altos muros,
subiste por estas altas columnas
usando tus patitas repletas de ganchillos?
¿O acaso tus alitas tan pequeñas
te pueden elevar hasta acá, tan alto?
¿O acaso fue el viento quien te trajo?
Quizá te viniste como pasajero inesperado
en las macetas que trajimos
para acercar a la naturaleza hasta acá, más acá
hasta el 16º piso.
Pero a ti no te esperábamos.
La falsa esperanza de recibir a plantas
sin lo que las plantas atraen, traen.
El superficial entendimiento
que sin ti, no hay mañana,
no hubo ayer.
¿Vienes a traernos compañía?
O solo a recordarnos que esta tierra,
no es mayoritariamente nuestra?

DE OCHO PATAS

Crees poder alimentarte aquí,
mejor te dejo ir ¿No?
Mejor te aviento por la ventana
y que tu tela o tu ligereza te salve,
porque matarte no puedo
como lo pide siempre alguien.
Sé que ocupas un lugar importante
y no quiero que mueras de hambre;
y aunque budista no soy aún,
el no matar me parece más que justo.

¿Cómo ponerme en tus pies?
Yo solo tengo dos,
y tú más que el triple
Y aunque tenga más zapatos que tu,
solo dos a la vez pueden conmigo.

¿Y cómo ver al mundo como tú?
Si hasta agachado solo tengo un par de ojos,
aunque algunos me han dicho que cuatro cargo.

Te libero a un exterior harto de bichos,
a un lugar donde tú también serás alimento

Cuídate, te extrañaré.
Extrañaré ver tu tela relucir en el amanecer,
buscar mosquitas para ti.

Perdón por destrozar tu encaje por descuido,
por no entender que estarías bien aquí
y nosotros contigo.

NO HAY MAR EN CALMA

No hay mar en calma cerca de aquí,
no hay aguas cálidas donde descansar
y aunque ríos, arroyos, y lagos hay,
los primeros ahora son cauces de hormigón,
zanjas de control pluvial, dicen.
Los segundos son de creación artificial,
con grandes muros siempre empujando
grandes aguas que quieren escapar
y limpiar esta mugre que hemos dejado acumular
o son antiguos cuerpos de agua drenados
para que generaciones de conductores
hubieran podido sus autos lavar,
y sus céspedes regar.
No hay mar en calma cerca de aquí,
porque cada descarga debe llegar
a algún lugar lejos de aquí.
¿Y qué mejor lugar que el mar?
Que estos ingenieros hidráulicos
pensaron que todo lo podría tapar.

Hay que suavizar nuestra asfixia
Para que pueda nuestro mar descansar.

POR QUÉ EN VEZ DE CAMINAR

¿Por qué en vez de caminar,
     por qué en vez de caminar,
dejamos que algo ajeno
nos traslade de lugar a lugar?
¿Por qué en vez de caminar,
     por qué en vez de caminar,
dejamos que nuestros caminos
se ocupen de asolación y maldad?
¿Por qué en vez de caminar,
     por qué en vez de caminar
tapizamos nuestros senderos con pavimentos
que no dejan a nuestra tierra respirar o chupar?
¿Por qué en vez de caminar,
     por qué en vez de caminar,
recubrimos el suelo con aún más aparatos
que prevengan el caminar?
¿Por qué en vez de caminar,
     por qué en vez de caminar,
dejamos que nuestras rutas
acumulen despojos y suciedad?
¿Por qué en vez de caminar,
     por qué en vez de caminar,
dejamos que nuestras veredas
se endurezcan y fracturen para en ellas tropezar?
¿Por qué en vez de hacer todo,
     como lo hacemos hoy,
no lo dejamos aún más atrás,
y empezamos a caminar?

QUIZÁ POR ESO NOSOTROS REHÚSAMOS A UTILIZAR LA RUEDA

Quizá por eso nos rehusamos a utilizar la rueda.
Sabíamos lo que llegaría con ella.
Que traería todo el mal.
Lo que no supimos,
fue que otros la traerían,
aún más temprano de lo esperado.
Fue igual que la viruela,
igual que el sarampión,
y hoy es igual que la diabetes y todo lo demás.
Aunque al inicio no fue igual de letal,
ni tan mortal como la espada o la pólvora.
Pero en esta infinita conquista,
llegó tarde su gloria de asesinar;
y ahora nos mata igual
que todas aquellas armas
que llegaron con los que querían enseñar
como rodar ofrendas hacia sus templos
construidos encima de los nuestros

ATROPELLAMOS

Con nuestras ruedas,
con estas cosas con las cuales
tan de prisa vamos.
Tal y como nos lo indica el dirigible
no nos detenemos,
para salvaguardar el bienestar
de los que nos acompañan
y no nos dañan,
de quien roe y sobrevuela
Pero al piso cae de vez en cuando.

Un pobre pichón explotado,
a quien cierta gente
le gusta llamar paloma,
para hacerlos sentir más nobles,
más bonitos y menos grises.
¿Habrá sido por odio a no poder
volar y comer tierra?

Un mapache eviscerado,
que cruzó muy tarde o muy temprano,
atrapado por anunciar
tan descaradamente su libertad

Caracoles,
casi en desfile, aplastados,
uno a uno, clara señal de odio;
quizá de envidia

de sentirse tan resecos
ante elegantes criaturas,
tan babosas y tan a su propio paso.

Un abuelo en bicicleta atropellado,
Desfigurado y abandonado
dejado a que se cocine
en harto calor asfáltico

PORQUE LETRINA ABONERA YA NO HAY

Porque letrina abonera ya no hay,
adiós olores, adiós verte si no caminas.
Toda comida es abono
y la boca tiene su inverso,
su igual recíproco
el cual sin él no viviríamos,
e igual puede ser hermoso.
Pero porque letrina abonera ya no hay,
todo desecho es eso;
algo cortado del ciclo
y arrojado a donde no se necesita.
Porque letrina abonera ya no hay,
ya no sabemos qué es lo que comemos,
ni de qué estamos hechos.
Porque letrina abonera ya no hay,
lo que pudo ser futuro alimento
ahora es veneno para nuestro cuerno

FELICIDADES AMIGO COYOTE

Felicidades amigo Coyote
Por remover a tan bien disfrazado invasor.
Gracias queridísimo amigo,
por recordarles que esta tierra,
aún de ellos no lo es.
En buena hora compañero,
que a estas plagas hay que controlarlas.
Sigue haciendo lo que haces,
que a esta población hay que controlar;
No a la tuya, claro, sino a la de ellos,
y la de sus caninos que olvidaron
tanto de lo que aún son

QUERIDO GATO

Querido gato,
te temen más que a un perro flaco
¿Serán esos ojos?
¿Esa certeza que expresa tu cara,
tu postura, y esa cola indiferente?
Te temen porque igual que a tu amigo,
el perro flaco, saben que a ambos,
al igual que a lo que fuimos
es a quien pertenece donde hoy
creen enterrar sus cimientos.

Temen lo que no son,
temen a quien robaron,
temen a quien merodea mientras duermen.

Querido gato,
hay que superar el estrés
ya que igual que yo con él,
tú tampoco podrás ser lo que más
quieres ser, con él

GRACIAS LLUVIA

Gracias lluvia,
por recuperar este cauce que fue tuyo.
Gracias por retomar este lago
y renovarlo a su antigua gloria.
Gracias lluvia,
por rellenar este manto
e irrigar estas tierras.
Gracias por reactivar nuestros arroyos.
Gracias lluvia,
por este aerosol,
que pronto dejará de ser de asfalto,
y de tierra mojada será nuevamente;
será nuevamente ese olor
del cual tanto se ha cantado

GRACIAS FUEGO

Gracias fuego,
que quemas para renovar,
que de ti sale el abono y haces germinar el futuro.
Pero cuidado con esto que quemas hoy,
que aunque tengas razón en hacerlo,
nuestra invasión es aún más tóxica de lo que se ve.
Habitamos cápsulas venenosas.
Nuestro césped cuando no es falso, lo es su alimento.
Nuestras herramientas, tan inútiles que sean,
siguen siendo útiles para destruir,
aún cuando las destruyas tu.
Nuestro veneno se filtrará en lo que buscas renovar.
Sea tierra, atmósfera o manto freático.
Todo aquello que hay que regresar, debe ser devuelto.
Hay que alejarnos de donde naces bien,
dejarte quemar en paz.
Ya no invadir nunca más tú sagrado remanso
y observarte como se observa un cristal,
sin tocarte.

CENIZA

Mejor que un miércoles
de aquellos
bien de aquellas
cubriste todo.

No fuiste espíritu de vino
ni fuiste cáliz
ni fuiste ostia
fuiste lo que siempre has sido,
el origen y el fin.

Fuiste el fuego
de un incienso
que borra los pecados
de esta urbe expansionista
en tierra harta de hinchazón.

NO FUNCIONA EL CALENTADOR

No funciona el calentador
Y aun en clima templado, esto es un problema,
que en condominio donde no se puede quemar
ni leña ni aceite, ser friolento tiembla el alma

que alguna vez estuvo en calma,
que requiere de cobija, y soplos cálidos,
que no es de aquí, que aún tiene frío,
desde haber nacido.

Cuando todo mundo dice que hace calor,
por aquí, siendo nadie de aquí,
indicativo de que son de corazón frío;
exiliados de las formas naturales
por los aires acondicionados
que rigen esta nueva era del antropoceno
y de las maneras de darle la vuelta
de forma natural a esta nuestra
naturalmente cálida, templada, y fría tierra

TELÚRICO BAILE

Haces bailar a esta vieja,
con un suave meneo,
que a veces marea,
y otras despierta.
Haces bailar a esta vieja,
con temerosa sensualidad,
y así casi siempre es, de cuando en cuando.

Pero aburrida a veces de suave meneo,
le partes la piel y le truenas los huesos.
Y desde hace milenio sabemos ya
cómo mejor resonar con este meneo.
Últimamente solo te damos
a buena bailarina
serena pero inquieta

FALLA

Te cruzamos, y cruzamos tantas más,
para congregar y visitar, para transportar y alimentar.
Te nombramos acusándote de faltas
Te ignoramos dejando nuestras edificaciones sin saber bailar,
hasta que en este gran juego de tablero
nos obligas a recomenzar.

Un va de nuevo
de este triste lugar,
para tratar otra vez
de erigir un nuevo hogar;
no sabiendo que esta tierra en sí
es ese preciso y tembloroso lugar.
Debemos aprender a danzar bien contigo,
para no volver a tropezar, y fallar una vez más

GRAN PARQUE

Gran parque, dicen que eres,
el gran aire libre — ¿Libre de qué?
¿De sí mismo? ¿De naturaleza pura sin parar?
Gran parque, infestado de humanos,
de sus vapores y su zumbido.
Gran parque, al pasear por ti
no hay nada de lo que debes ser,
no se ve nada más que la mala humanidad en ti
En su recinto ferial te han convertido
con sus ruidos que espantan y sacuden la paz
de todo ser, con sus chillidos que ahuyentan,
sus fachas que aterran
Gran parque — ¿Serás quien pretendes ser
solo en las horas tenebrosas
antes de cada amanecer?

MANICURISMO

Naturaleza bien peinada,
de caminitos bonitos que no llevan a nada.

Naturaleza controlada y fertilizada,
no con abono que se deteriora.

sino con pastillas y atomizadores
cargados en espaldas.

Naturaleza asilada,
atada de pies e incomunicada,

aislada de la blanda tierra
que antes os conectaba.

De envidia te atamos,
de añoranza te arrastramos

hasta donde hoy nos encontramos,
lejos de ti, lejos de casa

RATA, ROCA, TRAPO

¿Así que quieres que crea que eres piedra?
escondiéndote — con tu manto gris
sobre asfalto opaco de tan descuidado
de tan mugroso y asqueroso que está,
como siempre te creemos a ti.
Pero en ciudad no hay roca suelta
que aún sea natural, no hay piedra
que decorar u ocultar no sea su función
Más bien pareces trapo que gris de grasa está.
Tratas de esconderte porque con tanto bullicio,
basura, llantas, y pies, no alcanzaste tu cloaca.
De nuestra mugre y basura, entre envolturas
de lo que imita ser comida, te alimentas.
Y aunque hambre tengan tú o tus crías,
no puedo evitar pensar que quizá eres adicta,
a nuestros vicios ocultos como alimento y vino.
Pero está claro que quieres que te crea piedra,
o trapo gris y asqueroso de grasa y hollín

ESPORANGIO

bello inescapable,
siempre, infinitamente hambriento
apareces para replicarte, para alimentarte,
y al fin, para alimentarnos
con tus setas, hongos, o moho.

Aquí te amamos, cuando no estás cerca.
Aquí te odiamos, cuando en nuestros muros
te apareces — imperdonable, intoxicante.
Burlón eres — como fantasma,
Apareces casi sin prevenir, multicolor.

Pero en nuestras memorias eres
permanentemente negro,
como tinta que nos envuelve — amarilla o verde.
Tu prisma es aquel de la vida
la cual negamos creyéndote muerte.

ADIÓS COLMENA

Las trajeron en desoír, sin permiso alguno;
desplazaron en total, a todos los de aquí,
despidiéndolas por vos, hasta casi inmolar
degollando queriendo, saciar a los sin miel.
Ahora se espantan, pero dejan a otros
en una grotesca paz, aunque puñales oculten
y hasta con pistolas, campantes anden y van.
Pero los perezosos les temen a ustedes
en caro balneario, creen tener que protegerse
de sus cortas ponzoñas, que tantos mártires hacen
solo para protegerse, de tantos insensatos
nietos de saqueadores, que dejaron endulzar
con venenos tan raros que debieron nunca usar.
Ahora asustados, a apicultor llaman
argumentando que aquí, que este lugar es su hogar
y ustedes claro, aquí intrusas son;
por eso al decorar con plantas
de plástico todas son

PLAGAS

Se pasea lentamente con su bomba y tanque.
Sube a su gusto a cada piso en ascensor.
Son muchos niveles, para andar en escalera.
Pasillo a pasillo, rocía el zoclo
Esperando que en ello, a insectos muerte llegue;
óbito también a roedores, mueren imaginados
ya que aquí no hay.

Esto es un vicio que programado regresa,
llega uniformado, siempre muy bien planchado
asistiendo a plaga, peste peor de superficie,
quien olvidó vivir, más bien convivir con todo ser
que ya estaba aquí, o que ellos trajeron
en naves desde ultramar, para no dejar vivir
a quien no se asemeja a su pálida tez

FALTA DE ESTRELLAS

Esta falta de estrellas, de la cual uno no se da cuenta
hasta partir lejos de ti, y sin poder ver la nada
brillan como un hondo y poroso manto.
Pero en ti nos acostumbramos a gozar de las pocas
que se aprecian a través de tu densa bruma
y nadando de espaldas se aprecian aún más
si hay luna cruzando, mejor aún ya que ilumina
esta bruma que las obliga a esconderse
siempre detrás de tantísima luz que producimos aquí en ti,
en tierra pensando en crimen, pensando en mal
pero que en realidad borra luceros que antes lo eran
todo para nuestros corazones,
pero ahora quedamos desalmados
si no nos molestamos, con nadar de espaldas
en madrugada, de vez en cuando
para poder otra vez aproximarnos, a ese manto estrellado
que tanto le hace falta, a esta inhumanidad

PRECAUCIÓN:
AVISTAMIENTO DE ANIMAL SALVAJE

Estimados propietarios e inquilinos,
les hacemos saber por medio de este correo,
que ha habido un avistamiento de un animal salvaje
en nuestra entrada de coches, anoche un coyote,
fue reportado por un residente y verificado
por medio de nuestras cámaras de circuito cerrado.

Les rogamos tengan precaución al pasear afuera.
Tengan a mascotas y niños pequeños cerca de ustedes.
Si avistan a uno, háganse grandes y hagan mucho ruido.
Repórtenlo inmediatamente a gerencia.

Leo esto mientras por mi ventana veo:
a un asaltante golpeando a un vecino con su pistola
robandole su caro reloj dorado,
un poco después y con este correo aún abierto,
a una muchacha ser apuñalada,
el delincuente la dejó tirada en nuestra entrada.
A medio día la prostitución aumenta
supongo que la hora de la comida lo facilita,
como se ve desde aquí sentado, ellos en sus coches,
yo en escritorio tecleando versos.
En este mismo estacionamiento,
empiezan jóvenes y viejos a tomar temprano y salen
acelerando botella en mano y a veces
drogados por otros hábitos.
La gente sin baño así de plano o no cerca de ellos,
al lado de nuestras macetas orina y defeca o semi-tapados

se esconden con las puertas de sus coches abiertas.
El dueño del mercado de abajo que vende los licores,
sale corriendo escopeta en mano,
amenazando a un ladrón que corretea hacia afuera,
mientras varios otros de sus clientes,
tiran desechos en la calle desde sus autos.
Es viernes, lo cual indica que una pandilla
ya sea la de bicicletas, motonetas, o patines del diablo,
vendrá esta noche a grafitear como siempre nuestras bardas.

Pero nadie nos previene de nuestros prójimos humanos
Solo hay que preocuparnos sobre un pobre coyote
el cual no roba, ni apuñala, no asalta, ni grafitea,
el cual a su especie desplazamos
con nuestra cara torre de frío acero

ÍNDICE